1週間のうち何日を特別な日にできるだろう？

謝辞

本書で引用した言葉はどれも、ここ数年の間に、わたしたちが愛情をこめて、しかし非科学的な方法で集めたものだ。大勢の友人やたちから寄せられたものや、そのなかには紙の切れはしに書きつけられ、資料箱に押し込まれていたものもあるため、言い回しや出典が正確でない可能性がある。それぞれの言葉の作者、これらの言葉を教えてくれた人々、および引用元によっては感謝を、場合によっては、お詫びを申し上げる。
　　　――編著者一同

そしてコンペンディウム・ファミリーの仲間たちに、心からの感謝を。

7：How many days of the week can be extraordinary?
Written & Compiled by: Dan Zadra & Kobi Yamada
Designed by: Steve Potter
Edited by: Jennifer Pletsch & M.H.Clark
Creative Direction by: Sarah Forster
copyright©2011 by Compendium, Inc. All rights reserved.
Japanese translation rights arranged with Compendium Inc., Seattle through Tuttle-Mori Agency, Inc., Tokyo

7（セブン）1週間のうち何日を特別な日にできるだろう？　2014年11月29日　初版第1刷発行　2019年9月2日　第2刷発行
著者　ダン・ゼドラ＆コビ・ヤマダ／訳者　池村千秋／編集協力　藤井久美子
印刷　中央精版印刷株式会社
発行　有限会社海と月社　〒180-0003　東京都武蔵野市吉祥寺南町2-25-14-105
電話 0422-26-9031　FAX 0422-26-9032　http://www.umitotsuki.co.jp
©2014 Umi-to-tsuki Sha　ISBN978-4-903212-50-0
定価はカバーに表示してあります。乱丁本・落丁本はお取り替えいたします。

（フェイスブック→www.facebook.com/umitotsuki
　ツイッター→@umitotsuki
　インスタグラム→@umitotsukisha）

＊本書のコンセプトその他の剽窃は、著作権法に抵触するのはもちろんのこと、原書および日本語版の制作陣、さらには読者に対する倫理にもとる助けるべき行為です。

WHAT A WONDERFUL WORLD
Words & Music by Robert Thiele, George David Weiss
©1967 by RANGE ROAD MUSIC INC./QUARTET MUSIC, INC.
All rights reserved. Used by permission.
Print rights for Japan administered by
YAMAHA MUSIC PUBLISHING, INC./
FUJIPACIFIC MUSIC INC.
JASRAC 出 1411403-4017

人生のスピードが速すぎる。

仕事やその他の義務は、もちろん大事だ。でも、義務を果たすことだけが人生ではない。人生は冒険でもある。
新しい1日は、新しい贈り物と可能性を運んでくる。それなのに、私たちは日々の生活に追われるあまり、それが目に入らなかったり、それに手を伸ばそうとしなかったりする。忙しすぎて、生きることを忘れてしまうのだ。

Happiness is in Your Hands
幸せはあなた次第

どう生きるかを選びましょう！　どんな困難が待っていようと、いつもそれだけは忘れないで！　人生を漫然と浪費し、存分に活用しないのは、なにも選択しないのと同じことです。
　　　　　——ヘレン・ケリー（修道女）

人生は急いで駆け抜けるレースではないと、本当は誰もがわかっている。人生は、一歩一歩を噛みしめながら歩く旅路。でも、そんな旅のささやかな喜びやのびのびした時間は、どこへ消えてしまったのだろう？　人を愛したり、笑ったり、のんびりしたり、なにかを学んだりする時間は？　いつでも好きなときに、自分自身や愛する人たち、大切なコミュニティのためによいことをする自由は？

この本は、堅苦しいワークブックではない。楽しむための"プレイブック"だ。方法論や正解を記した本ではなく、思考を刺激し、問いを投げかけ、忘れていたものを思い出させるための本だ。自分にとって大切ですばらしいものを、楽しみながら再認識する道具だと思ってほしい。本書を通じて、1週間の7日すべてに、喜びと情熱と目的と意味を見つけてもらいたい。

あなたの人生は、いま、あなたの前にある。なにもせずにそれを逃すのは、あまりにもったいない。冒険や美、貢献や善を経験する機会は、いたるところにある。そのために割ける時間も、かならずある。この本に刺激を受け、あなたの手引きにしてほしい。

忘れないで。幸せな人生をおくるかどうかは、自分次第だということを。

30,000 mornings

30,000 回の朝

およそ30,000回の朝——それが私たちに与えられた時間だ。26歳なら、あと20,000回くらいの朝が残されている。54歳なら10,000回だ。不慮の事故や病気さえなければ、持ち時間はたっぷりある……のだろうか？　「私たちは、人生を尽きない井戸のようなものだと思いがちだ」と書いたのは、32,442回目の朝を迎えるまで生きた作家、ポール・ボウルズだ。「けれども実際には、なにごとも限られた回数しか起こらない。そして、その回数はとても少ない。あなたは、子ども時代のある午後のことを——あなたという存在の欠かせない一部になっている午後のことを——あと何回思い出すだろう？　たぶん4回か、5回、もっと少ないかもしれない。あなたはあと何回、満月が昇るのを見られるだろうか？　せいぜい20回くらいだろう。それなのに、チャンスは無限にあると思っている」。30,000回の朝。私たちはその何日かを、機械的な作業をしたり、渋滞にいらだったり、ファストフード店のレジに並んだりして過ごす。せめて何日かは、本当の美と謎と冒険を追求し、楽しんで過ごそう。あなたの人生だ。1日たりとも無駄にしないでほしい。

誰もが毎日すべきことが3つあります。生きている間、1日も欠かさずにすべきことです。1つは、笑うこと。毎日、笑いましょう。もう1つは、考えること。毎日、ものを考える時間をもつべきです。そしてもう1つは、涙を流すほど心を揺さぶることです。幸せの涙でも、喜びの涙でもいい。笑って、考えて、泣く――中身の濃い1日です。怒濤のような1日と言ってもいい。それを週7日続ければ、ほかの人にはない経験ができるでしょう。

――ジム・ヴァルヴァーノ（大学バスケットボール・コーチ。このESPY賞受賞スピーチの8週間後、癌でこの世を去った）

time flies

時は飛び去る

30年ほど前、ある女性の講演を聞いた。講師はカナダ人の環境保護活動家で、その日が彼女の95回目の誕生日だった。その人の名前はとっくに忘れたが、話の内容はいまも忘れられない。

その女性——キャサリンと呼ぶことにしよう——は、若い森林局職員たちに向けて、すばらしい助言をおくった。

「人生は短いというのは、本当でしょうか？——100歳近くなると、人生は長かったか短かったかと、よく聞かれます。今日は、真実をお話ししましょう」

「30代のころに、私の人生のスピードが速まりました」と、キャサリンは続けた。「子どもの世話と、森林再生事業の資金集めに奔走するうちに、時間がどんどん飛び去っていきました。本当に自分がその時間を過ごしたのかしら、と思うくらいに。そして気がつくと、ブレーキが壊れた列車みたいに、70歳の誕生日が猛スピードで近づいてきていたのです。70歳まではあっという間でした」

ところが、70歳から95歳までは、それまでより長く、充実していて、美しく崇高な日々に思えたと言う。それまでと変わったことはひとつだけ。「1日1日を大切に生きるように意識したのです」。キャサリンはそう言った。「人生は短いけれど、毎日を大切にすればけっして短くないのだと、気づいたのです。これが秘訣です。みなさんは、手遅れになる前に気づいてください」

「毎日を大切にすること。1日1日を自分の全生涯だと思って生きること。それを実践すると、それまでの人生より充実した毎日をおくれるようになりました」

時間はとても貴重な贈り物……とても貴重だから、一瞬ごとに少しずつしか与えられない。

——アメリア・バー（イギリスの小説家）

KNOW NOTHING.
APPRECIATE EVERYTHING.

「知っている」は
思いこみ。
先入観なしに
すべてを見よう。

もう一度、初心を取り戻す。

自分は「知っている」と思いたがり、日々遭遇する新鮮なものごとが目に入らない人は、貴重なものを得そこなう。「すべて知っていると思うと、自分が知らないという事実に気づけなくなる」——絵本作家のレオ・バスカーリアもこう言っている。幸い、好奇心と驚く心は、目覚めさせることができる。

芸術家や写真家は、子どもの目で世界を見なさいと教えられる。「子どもはみんな芸術家だ」と、パブロ・ピカソは言った。「難しいのは、大人になっても芸術家であり続けることだ」

発明家は、アマチュアのようにものを見るべしと言われる。専門家は、2本のスプーンを見たとき、2本のスプーンにしか見えない。でもアマチュアは、それが楽器に見えたりする。

禅では、人生のすべての瞬間において、「初心」であれと説かれる。禅僧のブランチ・ハートマンの言葉を借りれば、初心とは、「いっさいの予想や期待、判断や先入観のない無垢(むく)な状態」。それは、好奇心と驚きと喜びに満ちた精神のありようだ。初心の持ち主は、なにも知らないまっさらな状況を大いに楽しむ。

あらゆるものを
はじめてのつもりで見てみよう。

あれは聖パトリックの祭日のこと。火曜日のシアトルの朝は、寒くて灰色で、風が強かった。私は仕事が遅れていたし、7歳の娘ロージーは学校があった。けれども私たちは、暖かい服を着て、隣家の裏の草地に向かった。そこは、魔法の世界のように小山が連なっていて、最近、そこでアイルランドの妖精レプラコーンが目撃されたという噂があった。

妖精を驚かせないようにそっと歩いて、私たちは小山の上まで登り、大きなカエデの木に寄りかかって並んで座った。2時間か3時間、ロージーとふたりきりだった。寒空の下、魔法瓶のホットチョコレートをちびちび飲みながら、いっしょに見張りを続けた。背の高い草が少しでも揺れたら見逃さないぞ、と心に決めて。

「ロージー、見たか？」。私は小声で言った。「道が行き止まりになっているあたり、あのへんになにか見えない？」。ロージーの目が真ん丸になった。あちこちで緑の小さな帽子と長靴が行ったり来たりしていた。「信じる？」と、私は声を押し殺して尋ねた。レプラコーンは、信じる者にしか見えないと言われていたからだ。もちろん、ロージーは信じていたし、私も信じていたと思う。

魔法のような瞬間が訪れたのは、そのあとだった。レプラコーンの痕跡を探し、音を立てないように草むらをそっと歩いていたとき、ロージーが見つけたのだ！本物のアイルランドのペニー硬貨と、チョコレートの金貨が隠してあったのを。誰か（本物のレプラコーンだろうか？）が、前の晩に置いたのだろう。

ほとんどの人にとっては、ありきたりの雨の火曜日だったかもしれないが、ロージーと私にとっては特別な1日になった。その後、ロージーはちゃんと学校を卒業し、いまは立派な仕事に就いている。あの日、自分がなんの仕事を抱えていたかは覚えていないが、ロージーも私も、あの朝のことは一生忘れない。ふたりで草地に寝転がり、レプラコーンが姿をあらわすのを待った朝のことを。

大人になったロージーがある年、聖パトリックの祭日に里帰りし、プレゼントとカードをくれた。カップ一杯のチョコレートの金貨に添えられたカードにはこう書かれていた──「パパ、すてきな聖パトリックの祭日を過ごしてね。私はいまも信じているわ」。

そのカードは、いまも大切な宝物だ。

あなたはいまも
信じている？

仕事は、あなたが子どもに虹を見せるまで待ってくれる。でも、虹は、仕事が終わるのを待ってくれない。

　　　　　　　——パトリシア・クリフォード

ほとんどの人は、リンゴを食べるとき、いきなり嚙みついて、そそくさと飲みくだす。だが、ベトナム人の禅僧ティック・ナット・ハーンは著書『味わう生き方』で、ひと味違う「リンゴ瞑想」を紹介している。それは、日々の経験すべてをもっと嚙みしめて味わうためのレッスンだ。その方法とは──。

まず、手に取ったリンゴをよく見よう。品種は？ 色は？ 手触りは？ 香りは？

続いて、リンゴににっこり微笑みかけ、ゆっくりひと口かじる。どんな感じがする？ 味はどう？ よく嚙んで飲み込むのは、どんな感じ？

リンゴのすべてを堪能しよう。甘さ、香り、新鮮さ、ジューシーさ、歯ごたえを味わおう。

ほかのことはすべて頭から追い払う。仕事のことも、締め切りのことも、いろいろな用事のことも、不安も悲しみも怒りも、過去も未来も。ただひたすら、目の前のリンゴのことだけを考えるのだ。

こうしてはじめて、あなたはリンゴをありのままに味わえる。リンゴを食べるという行為に集中し、その瞬間に没頭できる。いまを大切にすれば、もっといきいきとした人生をおくれる。リンゴを味わえる人は、人生も味わえる。

この瞬間を大切に。

人生の小さなことは、小さなことではない。

よく晴れた土曜日。懐かしい友だちからの電話。自家製のスイーツ。種から植物を育てる。助け合い。清潔なシーツ。一家団欒(だんらん)の夕食。問題を解決する。思いがけない小包。評価されている実感。ベリー摘み。風船を膨らませる。チームワーク。ひらめき。ちょっとした親切。気持ちのいい散歩。うれしい知らせ。子どもたちの笑い声。レモネードの売店。長い週末。完璧なタイミング。喜ばしい偶然。新しい可能性。開け放たれた窓から聞こえてくる音楽。ゼロからなにかをつくる。青い空。感じのいい隣人。感謝の気持ち。キャンプで飲む温かいコーヒー。春の最初の日。傷ひとつない桃。空に舞う凧。焼きたてのパン。素足で歩く。夜空を横切る流れ星。心からの褒め言葉。サプライズパーティー。進歩すること。寛大なふるまい。きれいな空気。よいことに参加する。植物の香り。深呼吸。完全にリラックスした状態。熱い抱擁。ピクニック。波の音。本物のメープルシロップ。赤く染まった紅葉。子犬。優美な物腰。ものごとに深く関わる。お返しをする。固い握手。風に揺れる枝。予定のない午後。ロウソクの灯りで食べる夕食。誰かを喜ばせる。うたた寝。スピード写真。情熱をいだけるものを見つける。刈りたての草の香り。ささやかな勝利。その場にふさわしい言葉。困っている人を助ける。ドライブ旅行。玄関ポーチのブランコ。新しい友だち。立派な目標。空港での再会。歩道にチョークで描かれた絵。平和なひととき。情熱の伝染。好ましい変化。虹。長風呂。誇らしい行動。すてきな思い出。ラジオから聞こえるお気に入りの歌。景色のいい道。好きな伝統行事。朝の鳥の声。四つ葉のクローバー。分け合うべきもの。ふたり乗り自転車。誰かの力になること。夏の嵐。キラキラ光るもの。テントウムシ。快適な眠り。新しい課題。健康だという実感。最善を尽くしたという誇り。みんなで笑う。達成感。裸足で踏みしめる砂。励ましの言葉。水たまりを踏んだときのしぶき。止まらなくなる笑い。開かれた心。ポケットに忘れていた小銭。屋根を叩く雨音。寛大な人々。意義のある行為。

Purpose & Passion
目的と情熱

人生の真の目的と情熱の対象を探すのは、車のキーを探して家中を探し回った末に、実はずっと自分の手の中にあったことに気づくのと似ている。

人生の目的はなにかと尋ねると、わからないと答えるか、「癌の特効薬を発明する」「偉大な文学を書く」「世界の貧困に終止符を打つ」などと立派なことを言おうとする人がほとんどだ。

けれど、人生の目的を見つけたいなら、ほかの人にどう思われるかを考えるのではなく、自分を見つめたほうがいい。「なにがあなたをいきいきとさせ、これこそ本当の私だと感じさせてくれるかを考えよう」と、哲学者のウィリアム・ジェームズは述べている。「それが見つかったら、あとはそれを追求すればいい」

こんなテレビCMがある。ひとりの男が鳥の巣箱をつくっている。カラフルで緻密な巣箱は、まるで芸術作品だ。BGMがやみ、男性がカメラを見据えて言う。「残りの人生は、巣箱をつくり続けます」

天職を見つけ、まっすぐな情熱をいだいている男性がうらやましい？ あなたも心の底では、なにかに情熱をもっているはず。それが本当のあなただ。それは、きっとあなたに語りかけている。その声に耳を澄まそう。

「今度、心から喜びを感じたときは、立ち止まって考えてみよう」。そう書いたのは、著述家のスティーブ・チャンドラーだ。「喜びの感情は、言ってみれば『誰かいますか？ メッセージをもってきましたよ』と、心の扉をノックする音だ。喜んで、そのメッセージを受け取ろう。それは、あなたがいま幸せで、自分の人生を追求しているというメッセージなのだから」

魂のありかに耳を近づけて、よく聞いてみよう。
——アン・セクストン（詩人）

私はこの30年、毎朝鏡を見て、自分に問いかけてきました。
「もし今日が人生最後の日だとしたら、これからやることを本当にしたいだろうか？」と。
もし、答えがノーの日が続くようなら、なにかを変えるべきだと判断します。

──スティーブ・ジョブズ（アップル創業者）
　スタンフォード大学の卒業式スピーチで。

夜空の星を見て針路を決めよ。
ほかの船の灯りに惑わされてはならない。
——オマール・ブラッドレー
（アメリカの軍人）

真の理想に向けて

幸せで心穏やかな人生をおくるための指針は、あまりに当たり前のものだが、それを忘れると道を見失う。その指針とはこうだ——**自分の価値観に従って、毎日を生きよ。**

価値観とは、自分にとってなにがいちばん大切かという基準のことだ。それは、方位磁石に似ている。どんなに暗い夜や激しい嵐の日も、その方位磁石が指し示す道を進めば、真の理想に向けて歩んでいける。

自分の価値観を確立していて、それが自分の進むべき針路を指し示していると知っていても、実際にその道を歩まなければ、真に幸せな人生はおくれない。人生の旅で、心が迷子になってしまうから。

幸いにも、価値観に従って生きることは、いつでもすぐに始められる。その恩恵の大きさを知れば、誰でもそういう生き方をしようと思うはずだ。

針路をとれ！

自分の価値観に忠実に生きているか？
健康が大事なら、たばこをやめたか？ 減量をしたか？
家族が大事なら、家族との時間を大切にしているか？
冒険が大事なら、休暇を取っているか？

私の大切なことは——
_____
_____
_____
_____
_____
_____
_____

私はいま、その価値観に……
☐ 従って生きている
☐ 従って生きている
☐ 従って生きている
☐ 従って生きている
☐ 従って生きている
☐ 従って生きている
☐ 従って生きている

**真の理想に向けた針路を進むために、この7日間、
自分の価値観に沿ってなにをするか？**
_____
_____
_____
_____
_____
_____
_____

よい人生をおくりたければ、自分によい問いを投げかけるといい。問いは、ものごとを動かす触媒だ。思考を揺さぶり、刺激を与える。それは、案内図となり、期待をもたせ、行動をうながし、新しい出発点にもなる。だから、できるだけよい問いかけをしよう。どうしてこんなに不幸せなのか、どうしてうまくいかないのかと問うのではなく、どうすればうまくいくのか、なにに感謝すべきなのかを問うのだ。

人生の
旅路の
どの地点に
自分がいるか、
わかっている？

LIVING
BACKWARDS

人生を逆さまに
生きていないか？

人生の目的は、
いつも忙しい日々をおくることでも、
カネや名声を求めることでもないはずだ。

最初はカネや名声を追いかけていても、
やがて、
それが幸せをもたらさないことに気づく。
発想を逆転させよう！
まず、幸せや生きがいを感じられることを、
つまり人生の目的を追求する活動をする。
そうすれば、カネと成功はついてくる。

作家のマーガレット・ヤングは、こう述べている。
「人生を逆さまに生きている人が多い。
もっと多くのモノやカネを手に入れれば、
やりたいことができ、幸せになれる、と。
本当は逆だ。
まず、ありたい自分になり、
そのために必要なことをし、
その結果として、
モノやカネを手にするべきなのだ」

あなたは「○○をもっているから○○になれる」のか、それとも「○○である結果として○○をもっている」のか？

86,400

毎日、時計が深夜零時を回ると、86,400秒が自動的にあなたの人生体験に加わる。それはあなたのいちばん価値ある財産だ。そのうちでどれだけの時間、感動を味わえるだろう？　どれだけの時間、一生忘れない経験ができるだろう？　時間の使い方を決めるのは、あなた自身だ。人生の１秒１秒は使って楽しむためにある。１日の間に活用しなかった時間は、二度と返ってこない。

Too busy for life?

本当の人生を生きるには
忙しすぎない？

あなたはどれくらい忙しいか、というUSAトゥデー紙の調査に対して、過半数の人はこう答えている。「毎年忙しくなる一方だ。仕事のために、友だちづきあいも、家族も、睡眠も犠牲にしている」

1週間が8日あったらどうするか、という問いに対して、子どもと遊ぶ、隣人とお近づきになる、趣味を楽しむ、友だちと過ごすなどと答えた人は、一部だけだった。ほとんどの人は、その1日を、仕事の遅れを取り戻すために使うと答えた。

出典：フィリップ・ジンバルド（社会心理学者）

週8日あったら
8日目をどう使う？

カレンダーの中の日は
思っているよりずっと早くやって来る。

————出典不明

少ないほうが豊かになれる。

作家のヘンリー・デービッド・ソローは、森の生活をおくったとき、小屋の床にマットを敷かなかった。マットがあれば、埃をはらうための棒が欲しくなる。棒があれば、マットを叩くときに吊るすフックも欲しくなる。そういう具合に、際限がなくなると思ったからだ。

ソローは、所有するものを増やしても、人生が楽しくなるとは限らないと気づいていた。幸福感をもたらすのは、モノよりも経験──この点は、最新の科学的な研究によっても裏づけられている。

あなたは、限りある人生をどういう経験のために使いたいだろう？　新しいものを買い、所有物を増やして過ごす？　それとも、いちばんの親友と南の海にサンゴ礁を見にいく？　子どもとマウンテンバイクで野山を走る？　地域社会に貢献する？

人生という旅を身軽に歩む人が、増えはじめている。

人生はシンプルに、愛情はたっぷりと。

今週なくせるものは？
本当に大切なもののために、時間とゆとりを生み出そう。

1. ___
2. ___
3. ___
4. ___
5. ___
6. ___
7. ___

なくてもいいものが多すぎる！
——ソクラテス（古代ギリシャの哲学者）

どのように
　日々を
　おくるかは、

どのように
人生をおくるかに
ほかならない。
　　　——アニー・ディラード（アメリカの作家）

ある日、大学の哲学教授が、教室に大きなガラス瓶ときれいな石をいくつかもってきた。「瓶が満杯になったら、手を挙げてください」と言い、教授は瓶に大きな石を詰めていった。すぐに瓶の蓋が閉まらなくなり、学生は全員手を挙げた。すると、教授は袋からもう少し小さい白黒の石をいくつも取り出し、それを瓶に詰めはじめた。小石は大きな石の隙間に入っていった。やがて、学生たちはにやりとして、また手を挙げた。今度こそ、瓶は満杯だ。しかし、教授は砂の入った袋を持ち出すと、瓶に砂を流し込んだ。砂が石の間の隙間を埋めていった。教授は得意顔で瓶の蓋を閉めて、あらためて尋ねた──これで瓶は満杯になったかな？　学生たちは拍手し、口々に「今度こそ満杯です！」と答えた。すると、教授は2杯のコーヒーカップを取り出し、中のコーヒーを瓶に注ぎ込んだ。コーヒーが石と砂の間のごく小さな隙間に入っていった。「人生はこの瓶と似ています」と、教授は言った。「大きな石は人生で最も大切なもの。倫理観や家族や恋人や健康などです。ほかのすべてを失っても、これらがあれば人生に満足できます。小石は人生でいくらか大切なもの。大切ではあるけれど、それを幸福の基準にしてはならない。仕事や家や車がそうです。砂は、それ以外のすべてのもの。私たちの時間を奪う無数のくだらないものごとのことです。瓶を先に砂で満たすと、石を入れる場所がなくなってしまう。同じように、人生をくだらない用事で埋めると、本当に大切なことをする時間がなくなってしまいます」。教室が一瞬静まり返ったあと、1人の学生が尋ねた。「では、コーヒーは？」。「よくぞ聞いてくれました」と、教授は答えた。「これは、どんなに忙しくても、友だちと1杯のコーヒーを飲むくらいの時間はある、という意味です」

私が最優先しているものは？

いま人生で最も時間を割いていることは？

私にとって大きな石とはなに？

どんな小石や砂に時間を使いすぎている？

この7日間に、誰をコーヒーに誘う？

いちばん大切なことに使う時間は、かならずある。——リアーヌ・スティール

Listen, are you breathing just a little,

and calling it a life?
——メアリー・オリヴァー（詩人）

ただ息を吸って吐いているだけで、生きているつもり？

人生に「しなくてはならない」ことなんて、ひとつもない。

スカイダイビングには行けない。
用事を片づけ**なくてはならない**から。

姪の卒業式には行けない。
仕事に行か**なくてはならない**から。

高校の同窓会には行けない。
減量**しなくてはならない**から。

この夏、マチュピチュには行けない。
家の修繕を**しなくてはならない**から。

私たちは生まれなくてはならないし、死ななくてはならない。けれども、その間のことの多くは、自分で決められる。
「できない」と「しなくてはならない」で自分を牢獄に閉じ込めるのではなく、「できる」「したい」「やる」「待ちきれない」を指針に生きよう。

私ができること ....

私がしたいこと ....

私がやること ....

私が待ちきれないこと ....

人生は義務ではなくチャンスなのだと気づいたとき、
人はいっそう幸せになれる。
——メアリー・オーギュスティン

「どうしてうまくいかないの？」
と不満を言うことに
貴重な時間を
使ってはならない。
そんなのは
まったく時間の無駄だ。
問うべきは、
「どうすればうまくいくか？」。
これなら、
答えが見つかる。

――レオ・バスカーリア（絵本作家）

将来の夢はいろいろだろうが、いますぐに現在の仕事をもっとやりがいのあるものに変えることは可能だ。『Be Happy』の著者ロバート・ホールデンは、世界で自分だけの名刺をつくることを提案している。普通に職業や肩書きを記すのではなく、いまの仕事の高次の使命(ミッション)や目的を記すのだ。そうすれば、仕事の忙しさではなく、やりがいに目がいくようになる。

あなたの名刺をミッション・カードにしよう

ヘアスタイリスト
の場合──

自　尊　心
コンサルタント

私の仕事は、みなさんが自分にもっと胸を張れるようにすることです。

タクシー運転手
の場合──

巡　回　親　善　大　使

私の仕事は、町を訪れるみなさんを温かく迎え、町に好印象をもってもらうことです。

新しい「職名」は？
──────────
私の仕事の目的と使命は……

私
の場合──

楽しくないことをなぜするの？

アイスクリームのベン＆ジェリーズは、ビジネスで目覚ましい成功を収めているだけでなく、利益の一部を慈善事業に寄付しているユニークな会社としても有名だ。幼なじみのベン・コーヘンとジェリー・グリーンフィールドは、1万2000ドルの元手と、たっぷりのユーモア精神だけで、バーモント州のガソリンスタンドの跡地でアイスクリーム店を始めた。そして、重さ12トンを超す史上最大のアイスクリーム・サンデーをつくったり、試食を配るための特別車を走らせたり、アラスカの自然破壊に抗議して400キロを超すアイスクリームのデザートをワシントンの連邦議事堂に運び込んだり、何百万ドルもの慈善資金を寄付したりしてきた。ほとんどの人は、人生の3分の1を職場で過ごしている。だから、仕事は楽しくて、しかも社会に貢献できるものであるべきだと、ベンとジェリーは考えているのだ。

サウスウエスト航空といえば、航空業界で指折りの従業員退職率の低さと顧客満足度の高さを誇る会社だ。この会社がビジネスの指針にしているのは、たとえば以下のような原則だ。

ユーモア精神のある人を雇う。

**人々が遊び心を発揮できるよう
後押しをする。**

誰よりも最初に笑う。

**誰かを笑うのではなく、
誰かと一緒に笑う。**

**真剣に働くけれど、
深刻にはならない。**

すべての人に役立つアドバイスだ。

真剣に
働くけれど、
深刻には
ならない。

87歳のミック・カールソンは、息子にこんなアドバイスをおくった。「これまでの人生で、目をみはるくらい役に立った小さなルールが1つある。それは、"仕事や人間関係など、人生のなかで幸福度が50パーセントに満たない部分があるなら、その生き方はいますぐ変えたほうがいい"というものだ」

あなたはいま、
人生の重要な部分で
何パーセントの
幸福度を
感じているだろう？

ベートーベンは、曲をつくるとき、よく外に出て街や森を散歩した。新鮮な空気を吸うと、頭の中に新しい交響曲のメロディーが聞こえてくることがあったからだ。

アインシュタインに相対性理論のアイデアがひらめいたのは、当時勤めていた特許局のデスクではなく、路面電車に乗っていたときだった。

デスクの前を離れよう

想像力を大きくはばたかせるためには、だらだら過ごす時間が不可欠だ。──ブレンダ・ウェランド（ジャーナリスト）

メアリー・アンダーソンは、ニューヨークを観光中に、雨の日にドライバーたちが窓を開けて視界を確保するのを目の当たりにしたのをきっかけに、ワイパーを発明した。

アン・ムーアは、国際協力隊員としてアフリカにいたとき、母親たちが赤ちゃんを1枚の布につつんで両手が使える状態で運んでいるのを見た。それをヒントに発明したのが、抱っこひもの「スナグリ」だった。

ノーラン・ブッシュネルが大ヒットゲームの『ブロックくずし』を発明したのは、ビーチで砂をいじっていたときだった。

あなたがこの前、
自分の想像力に自由な空間を与え、
遊び心を発揮して
アイデアを生み出せるように
したのは、いつ？

WHEN WAS THE LAST TIME YOU GAVE YOUR IMAGINATION SPACE TO PLAY & PONDER?

~~SOMEDAY~~

IS NOT A DAY OF THE WEEK

サムデイ（＝いつか）、なんていう曜日はない。

いつか時間に余裕ができて、本当にやりたいことができる？　それはとんだ思い違いだ。次から次へと用事が湧いてきて、その「いつか」は一生こない。大事なことを先延ばししているうちに、人生はあっという間に過ぎてしまう。

あなたも、ずっとやりたいと思っているのに、実行に移していないことがあるだろう。どうして先延ばしするのか？　行動をともなわない夢は、ただの願望でしかない。

とうとう秘訣がわかったぞ。大事なのは、ハートが導くままに行動すること──それに尽きる！
──トルーマン・X・ジョーンズ（デザイナー）

万里の長城を訪ねたい？　本を書きたい？　事業を始めたい？　いいぞ！

夢を現実に変えるための最初の一歩を踏み出すのは、今日だ。将来の"いつか"に大がかりな行動をとるより、いますぐ小さな行動をとるほうが簡単だ。

今日、私がやること

人生の悲しいところは、すぐに終わることではない。誰もがなかなか始めないことだ。──W・M・ルイス（アメリカの教育者）

失敗は最高だ！

リスクから逃げていたら、新しいことはなにもできない。いまを全力で生きよう。いろんなことを経験し、新しいことに挑戦しよう。生きることを楽しむのだ。クレイジーに、そして大胆に。自分にブレーキをかけるのはやめよう。居心地のいいところに留まっていないで、どんなときも限界に挑もう。

当然、失敗もするだろう。でも、それがどうした？　失敗しない人は、本当に生きているとは言えない。研究によれば、リスクを避けて生きている人も、リスクをともなう行動をとっている人も、1年間に犯す大きな失敗は平均2つだ。それなら、挑戦することを恐れて自分にブレーキをかけるなんてもったいない。

失敗をしないとすれば、それは十分に挑戦していないからだ（ジョン・スカリー）。失敗は充実した人生への参加料（ソフィア・ローレン）。人生をやり直すなら、次はもっと失敗したい（ナディーン・ステア）。失敗は、実行と表裏一体（キャサリン・グラハム）。創造性とは、自分に失敗を許すこと。アートとは、どれが失敗かを判断できること（スコット・アダムズ）。失敗を受け入れれば、昨日より賢くなれる（ケリー・ロートハウス）。専門家とは、比較的狭い世界で、考えうるすべての失敗を犯した人のこと（ニールス・ボーア）。この世に、失敗などというものはない。あるのは、学習と熱意のみ（ジューン・マーティン）。間違うことを恐れてはならない。それを試みないことを恐れるべきだ（ジェームズ・パターソン）。ぜったいに失敗しないのは、なにもしない人だけだ（デニス・ウェイトリー）。失敗しなくなったら、人はおしまい（ジョン・クリーズ）。脚光を浴びたければ、よき大失敗を避けるのは難しい（ヨギ・ベラ）。新しいことに挑戦するときは、素早くたくさん失敗し、短期間で最大限学習するのがいい（ボブ・モアワド）。人は失敗を重ねることで、真理の全体像を見いだしていく（ジークムント・フロイト）。失敗は、だらだらした議論をやめて行動を起こした証拠にほかならない（マイケル・ルボーフ）。失敗を恐れるな。失敗などというものは存在しないのだから（マイルス・デイヴィス）。失敗した人には、次のチャンスがある。いつでも好きなときに新たなスタートを切ればいい。敗北とは、転ぶことではなく、転んだまま起き上がらないことだ（メアリー・ピックフォード）。失敗するかもしれないとわかっていても、失敗は避けられない。転んではじめて、人は立ち上がることができる（フィンセント・ファン・ゴッホ）。間違える自由がなければ、そんな自由に価値はない（マハトマ・ガンジー）。知的な人は、けっして間違いを恐れたり、恥じたりしない（ブライアント・H・マッギル）。他人の失敗から学べ。あらゆる失敗を犯せるほど、人生は長くないから（サム・レヴェンソン）。忠告にほとんど耳を貸さなくて幸いだった。忠告に従っていたら、とても価値ある失敗のいくつかを経験せずに終わっていただろう（エドナ・セント・ビンセント・ミレー）。失敗を恥じてはならない。自分の失敗を掘り下げて理解することほど、充実した学びはないのだから（トーマス・カーライル）。失敗は人生の一部。重要なのは、失敗したあとにどう行動するかだ（ニッキ・ジョヴァンニ）。

CHANGE YOUR MIND. CHANGE YOUR LIFE.

考え方を
変えて、
人生を
変えよう。

私たちは自分でも気づかないまま、多くの常識や思い込みや偏見にしばられている。たとえ事実に反し、悪影響をもたらしていても、それを捨てられないことが多い。その昔、船乗りたちは、世界が平坦だと思っていた。だから、あんまり遠くまで行きすぎると、世界の淵から落っこちてしまうと恐れていた。この思い込みは真実に反していた。にもかかわらず、冒険と発見に、そして多くの人々の暮らしを改善する試みに枠をはめつづけてきた。

いつだって、人が発見や飛躍的な進歩を成し遂げる出発点は、自分の考え方を変えることだ。ブラジルの作家パウロ・コエーリョはこう書いている。「神は毎日、太陽を昇らせ、不幸せを生むすべてのものごとを変える時間を与えてくれる。その魔法の時間に、私たちは自分を変え、夢の探求に出発できる」

数学なんて無理？　楽器なんて無理？　考え方を変えてみよう。妹や隣人や義父とうまくやっていくなんて、無理？　考え方を変えてみよう。世界を旅したり、夢を追求したり、もっとよい人生をおくったりすることなんて、できっこない？　考え方を変えてみよう。生き方を変えてみよう。

世界がなにを必要としているかと、考える必要はない。なにをすれば自分がいきいきとするのかだけを考えて、それを実行すればいい。世界が必要としているのは、いきいきとした人たちなのだから。
──ハワード・サーマン（アメリカの神学者）

歴史が始まって以来、人類は人生の意味を探し求めてきた。

人生とは解決すべき問題だと言う人もいれば、経験すべき謎だと言う人もいる。

耐えるべき試練だと言う人もいれば、楽しむべきご褒美だと言う人もいる。

巨大な帝国を築くチャンスだと言う人もいれば、精神を成長させるチャンスだと言う人もいる。

世界のさまざまな文化における神話の研究に生涯を捧げたジョーゼフ・キャンベルは、古今東西の男女の歴史を見て、こう結論づけた。

「人は生きる意味を探して生きるというより、いきいきとできる経験を味わうために生きているように見える」

小説家のジョイス・キャロル・オーツもこう述べている。「生きる目的、それは、いま自分の内面で脈打っている人生の喜びを味わうこと」。本当は、いつかではなく、いま、そんなふうに生きるべきだ。でも現実には、真の意味で生きているとは言いがたい人たちもいる。現状へのいらだちを表現したり、刺激を求めたりすることもなしに、ただ時間が過ぎるのを待っている人たちだ。

『人生は「幸せ計画」でうまくいく！』の著者グレッチェン・ルービンは、
ときどきこんなふうに自問しようと提唱している──

「自分はどのくらい、いきいきしている？」

0 は生ける屍(しかばね)の状態、10 は最高にいきいきとした状態

0　1　2　3　4　5　6　7　8　9　10

最後に自分がいきいきしていると感じたのは、いつだろう？　そのとき、なにをしていただろう？

_____
_____
_____
_____

これからの7日間を、もっといきいきとさせてくれる活動や出来事、楽しいことは？　7つ挙げてみよう。

1 _____
2 _____
3 _____
4 _____
5 _____
6 _____
7 _____

毎朝、起きたら、自分に問いかけよう。 どうすれば、今日という1日を、何年も先に振り返って、もう一度体験したいと思える日にできるか、と。

毎晩、眠りに就くその前に、静かなひとときをもうけて感謝しよう。今日、自分がやったこと、与えたこと、夢見たこと、言ったこと、創造したこと、愛したこと、生き延びたこと、学んだこと、試みたこと、克服したこと、味わったこと、楽しんだことすべてに、ありがとう、と。

a perfect

あなたはどこにいる？

あなたはなにをしている？

あなたは誰といる？

あなたはどう感じる？

day.   パーフェクトな1日。

あなたはなにを見る？

次はどこへ行く？

どうやってパーフェクトな1日を生み出す？

自分のまわりの小さな世界に光を灯そう。

ある男は、夢の中で、自分がやわらかな光になって、大勢の人を照らす姿を見て、それを人生の指針にしようと決めた。その日から、その男の人生は根本から変わった。

「世界で人々がどう扱われるかは、私には決められません」と、男は言った。「でも、私のまわりの小さな世界で人々がどう扱われるかは決められます」

「人は毎日、自分のまわりの３メートルゾーンにいるすべての人に、ささやかなぬくもりと光を与えられます。私たちは、誰でもそういうゾーンをもっています。すべての人の３メートルゾーンが光で満たされ、それらがつながり合えば、世界は本当にすばらしい場になるでしょう」

あなたの3メートルゾーンに光を灯そう。

この7日間、自分の3メートルゾーンでなにが起きているかに注意を払ってほしい。でも、それがどんなに大きなことでも、どんなに小さな世界に光を灯そう。日々出会う人を光で照らすのは、そんなに大変なことではない。でも、それがどんなに大きなことでも、その小さな意味をもっとあることがある。

> ランプになりなさい。
> 救命ボートや梯子(はしご)になりなさい。
> 誰かの魂を救うのです。
>
> ——ルーミー（ペルシャの詩人）

すべての行為に意味がある

> まだ生まれていない世代の人生が、今日あなたがとる行動によって大きく左右されるのです。
> ——アンディ・アンドルーズ（作家）

バタフライ効果 1960年代前半、エドワード・ローレンツという天文学者が驚くべき理論を発表した。それから40年あまり、その理論の妥当性は、世界中の研究者によって確認されてきた。それは、こんな理論だ——。

1羽のチョウが羽をはばたかせると、空気中の粒子が動き、それがさらに多くの粒子を動かす。そうした影響が積み重なれば、大気の状況に大きな変化が生じ、最終的には、地球の裏側で竜巻が加速したり、進路を変えたり、発生を妨げられたりする場合がある。

作家のアンディ・アンドルーズは、著書『バタフライ・エフェクト』で、この「バタフライ効果」があなたのおこなうすべての行為、そしておこなわないすべての行為に当てはまることを指摘している。

朝、隣人に温かい挨拶をするか、冷たく無視するかに始まり、夜、ペットの犬に辛抱強く接するか、不機嫌に接するかにいたるまで、あなたが1日の間にとる行動はすべて、善い悪いにかかわらず、積もり積もって、なにかに、あるいは誰かに影響を及ぼすのだ。

あなたの人生で「どうでもいい人」は誰？

この物語は、ある日インターネットに投稿されると、たちまち世界中に拡散した。著者は不明だが、美しい物語だ。ぜひ読んでほしい。

看護学校の2年生のとき、先生が抜き打ちテストをした。私はすらすら答えを書いていったけれど、最後の問題でペンが止まった──学校の清掃係の女性のファーストネームは？

冗談でしょう？　清掃係の女性のことは、校舎で何度も見ていた。長身で黒髪、たぶん50代だろう。でも、名前なんて知るわけがない。私はその最後の問いの解答を空欄にしたまま、答案用紙を提出した。学生の1人が先生に質問した。「最後の問題は、採点対象になるのですか？」

「もちろんです」と、先生は言った。「みなさんは人生で大勢の人と出会います。そのなかで大切な人は？　全員です。すべての人に関心と気遣いを示すべきです。微笑みかけて、こんにちはと言うだけでもいいから」

この日学んだことは、片ときも忘れたことがない。清掃係の女性の名は、ドロシーだった。

2005年12月14日、サンフランシスコ・クロニクル紙の1面に、こんな記事が載った。

近くの海で、1頭のメスのザトウクジラがカニ漁の仕掛け網にからまって、身動きがとれなくなってしまった。漁師は無線で地元の環境保護団体に連絡し、救助チームがただちに駆けつけた。クジラを助けるためには、ダイバーが海に入り、手作業で網をほどくしかない。ダイバーたちは何時間も危険な作業を続け、ようやくクジラを救出した──。

だが、話はこれで終わりではなかった。そのクジラは、そそくさと泳ぎ去る代わりに、ダイバーたちのまわりを泳ぎ、1人ひとりに体をすりつけたり、じゃれたりしたという。まるで、ありがとうと言っているかのように。

私たちはときどき、自分が誰の力も借りていないと思い込んでしまう。しかし、なにかを成し遂げるまでには、多くの人が愛し、励まし、助け、信じ、救ってくれている。

あなたの人生を明るくし、心を軽くしてくれている人たちに、あなたは感謝の気持ちを伝えたことがあるだろうか？

give
thanks

感謝の気持ちを
伝えよう

この7日間で、ありがとうと言いたい人を
7人挙げてみよう。

木々は緑に茂り、バラは赤く色づく。
　　　I see trees of green, red roses too,
花は、私とあなたのために咲く。
　　　I see them bloom, for me and you,
私はしみじみ思う。
　　　And I think to myself,
世界はなんてすばらしいのだろう。
　　　"What a wonderful world."
空の青に、雲の白、
　　　I see skies of blue, and clouds of white,
明るく祝福された昼に、暗く神聖な夜。
　　　Bright blessed days, dark sacred nights,
私はしみじみ思う。
　　　And I think to myself,
世界はなんてすばらしいのだろう。
　　　"What a wonderful world."
空には7色の虹が
　　　The colors of the rainbow,
美しくかかり、
　　　so pretty in the sky,
町を行き交う人たちの顔も
　　　Are also on the faces
7色に染めている。
　　　of people passing by,
友人たちは道端で握手を交わし
　　　I see friends shaking hands,
「元気？」と言い合う。
　　　saying, "How do you do?"
「あなたが大好き」という気持ちを込めて。
　　　they're really saying, "I love you."
赤ちゃんが泣き、そして育っていく。
　　　I hear babies cry, and I watch them grow,
この子たちは、私が人生で知ることより
　　　They'll learn much more
多くのことを学ぶのだろう。
　　　than I'll ever know.
私はしみじみ思う。
　　　And I think to myself,
世界はなんてすばらしいのだろう。
　　　"What a wonderful world."
そう、私はしみじみ思う
　　　Yes, I think to myself,
世界はなんてすばらしいのだろう。
　　　"What a wonderful world."

──ジョージ・ワイス＆ボブ・シール「What a Wonderful World」

二度目がないこと、それが
人生のいとおしいところ。
　　──エミリー・ディキンソン（詩人）

人生は
1度きりと
決まっている。
けれど、
なかには
人生を3度
生きている
人もいる。

1度目は
期待を通して。
2度目は
現実の行動を
通して。
そして、
3度目は
回想を通して。

WHAT ARE YOU LOOKING FORWARD TO?

あなたはなにを待ち望んでいる？

年に何日か、自分のための祝日を制定しよう。何月何日と決める必要はない。いつでも必要なときに、その「祝日」を楽しむのだ。祝日の名前もあなたの自由。「キラキラ記念日」でもいいし、「ダラダラ記念日」でもいい。「『7（セブン）』の日」だってかまわない。

大事なのは、その日、あなたのハートが望むままに、やりたいことをなんでもすることだ。

It's your

「わたしの日」になにをする？

早起きする。

日の出を見る。

ベッドに戻る。

好きな時間に起きる。

仮病を使わずに、堂々と会社に「休む」と電話する。

お気に入りのカフェでブランチを奮発する。

ビーチサンダルをはく。

友だちの家を訪ねる。

外に出て遊ぶ。

ラブレターを書く。

お芝居を見る。

野球のデーゲームを見る。

お母さんに電話する。

花を買う。

貧しい人のために食べ物を寄付しにいく。

特別な人のために夕食をつくる。

日没を見る。

幸運な経験を数える。

人生はチャンス。それをつかみ取ろう。

——映画『マゴリアムおじさんの不思議なおもちゃ屋』より

あなたの日！

day!

外の世界へ飛び出そう。

環境保護団体のシエラクラブを設立し、ヨセミテ国立公園の創設に尽力したジョン・ミューアが自然を守りたいと思ったのは、人間の精神のためだった。現代社会は人間の精神を窒息させる、だから自然という「神の偉大なショー」に触れて自己を再発見すべきだ、と考えたのだ。

ギリシャの小説家ニコス・カザンザキスはこう言った。神は1秒ごとに姿を変えるので、見逃さないようにしたほうがいい。神は、グラスの中の新鮮な水だったかと思えば、次の瞬間には膝の上の息子や、早朝の陽の光に変身していたりする。

地上に小さな天国を見つけよう。そして、そこを訪れて活力を取り戻し、刺激を受けてから、日常の生活に戻ればいい。

幸せは……
どこかではなく、
ここに、
いつかではなく、
いま、存在する。

──ウォルト・ホイットマン（アメリカの詩人）

WHAT KIND OF TIME IS IT?

いま、"なんの時間"？

東洋や南の島には、時刻を数字で言うのではなく、"なんの時間"かで表現する地域がある。宴（うたげ）の時間、魚釣りの時間、人助けの時間、聖なる時間、愛の時間、怠ける時間、子どもの時間、年寄りの時間、月の時間、夢の時間、といった具合だ。それぞれの時間ごとに、ものの見方や感じ方、歩き方や話し方、人生の重要な要素に対する態度が変わる。この7日間、あなたも時計に従うのではなく、夢や理想に沿って時間の使い方を決めてみよう。

HOW ARE YOU GOING TO USE YOUR SUPPLY OF TOMORROWS?

?

あなたは、毎日かならず与えられる「明日」という時間を、
どう使っていくつもり？

すばらしき好奇心を失ってはならない。

毎日立ち止まり、

身のまわりのささやかな

謎について考えをめぐらせよう。

そうすれば、最後まで、

驚きと発見に満ちた人生をおくれる。

――アルバート・アインシュタイン（物理学者）

驚く時間を大切にしよう！

世界と宇宙の驚異は、あなたの目の前にある。あなたの体の繊細な部位や器官、頭脳が宿している創造と想像の力、果てしなく広がる宇宙、あるいは森羅万象の複雑な関係──そうしたあらゆる場所に、それはある。

想像してみよう……

つながり……思いきり深呼吸をしてみよう。するとあなたは、過去に誰かが吸って吐いた粒子を吸い込むことになる。それは、ミケランジェロかもしれないし、ジョージ・ワシントンやモーゼかもしれない（ジェイコブ・ブロノフスキー　BBCテレビ『人間の進歩』進行役）

ひとつの巨大な思考……電子顕微鏡と現代物理学とで明らかになったのは、宇宙はひとつの巨大な機械というより、ひとつの巨大な思考によく似ているということだ（ジェームズ・ジーンズ　イギリスの天文学者）

神の存在……宇宙の誕生と進化のプロセスが解明されはじめている。その美しい秩序と対称性を見ると、誰かが宇宙をデザインしたにちがいないと思えてくる。信仰をもつ人なら、そこに神の存在を感じるだろう（ジョージ・スムート　アメリカの物理学者）

ちっぽけな砂粒……人類が、その長い歴史を通じて多大な時間とエネルギーを費やして記録してきた情報は、わずか0.5ミリほどの立方体の中にすべて書き込めてしまう。これは、人間の目で識別できる最も小さな砂粒と同じくらいの大きさだ（リチャード・ファインマン　アメリカの物理学者）

Why?

どうして?

なぜなら、 どういう人生をおくるかは、自分が決めることだから——

なぜなら、 まったく同じ日や機会は、二度と訪れないから——

なぜなら、 あなたの才能は、存分に本領を発揮したいと望んでいるから——

なぜなら、 しかるべき時間はいま、しかるべき場所はここだから——

なぜなら、 あなたは違いを生み出せるから——

なぜなら、 いたるところに美が存在するから——

なぜなら、 大切な人たちに愛情を伝えるのを先延ばしにする理由がないから——

なぜなら、 自分にどれだけ時間が残されているかを知るすべがないから——

なぜなら、 人生の最後の瞬間に後悔するのは、やったことではなく、やらなかったことだから——

なぜなら、 あなたがいま、ここにいるから——

いまこの日こそ、人生でかけがえのない１日。